BEI GRIN MACHT SICH IHR WISSEN BEZAHLT

- Wir veröffentlichen Ihre Hausarbeit, Bachelor- und Masterarbeit

- Ihr eigenes eBook und Buch - weltweit in allen wichtigen Shops

- Verdienen Sie an jedem Verkauf

Jetzt bei www.GRIN.com hochladen und kostenlos publizieren

Christopher Schwab

Hetze oder Volksberuhigung?

Der NS-Film als Mittel der Propaganda

GRIN Verlag

Bibliografische Information der Deutschen Nationalbibliothek:

Die Deutsche Bibliothek verzeichnet diese Publikation in der Deutschen National-
bibliografie; detaillierte bibliografische Daten sind im Internet über http://dnb.d-
nb.de/ abrufbar.

Impressum:

Copyright © 2011 GRIN Verlag GmbH
Druck und Bindung: Books on Demand GmbH, Norderstedt Germany
ISBN: 978-3-640-90518-8

Dieses Buch bei GRIN:

http://www.grin.com/de/e-book/171268/hetze-oder-volksberuhigung

Facharbeit

Im Fach Geschichte

„Hetze oder Volksberuhigung? – Der NS-Film als Mittel der Propaganda"

Verfasser: Christopher Schwab

Kurs: Leistungskurs Geschichte

Schuljahr: 2010/2011

Bearbeitungszeit: 6 Wochen

Abgabetermin: 25.03.2011

Note: Sehr gut (minus)

Datum: 27.03.201

Inhaltsverzeichnis

1. Einleitung

Die Folgende Facharbeit befasst sich mit der Fragestellung „Hetze oder Volksberuhigung? – Der NS-Film als Mittel der Propaganda". Ich habe mich für dieses Thema entschieden, weil mich der Zusammenhang zwischen Medien und Staat im Dritten Reich sehr interessiert und weil ich erfahren wollte, in welcher Art und Weise und ob das Regime die Menschen, in diesem Fall mit Hilfe des Films, gezielt manipulierte.

Anhand von Beispielen wird die Funktion und Wirkung des Filmes zur Durchsetzung der NS-Ideologie untersucht. Dabei werden zunächst einige historische Fakten der allgemeinen Filmpropaganda einleitend dargestellt, um anschließend Mittel, Wege und Intentionen der Propaganda am Beispiel des antisemitischen Hetzfilmes „Jüd Süß" (1940) näher zu untersuchen. Den Antisemitismus aufgreifend wird eine Druckpublikation des Films „Der ewige Jude" (1940) näher betrachtet und analysiert. Als Ausgleich dazu gehe ich danach auf die Komödie im Dritten Reich ein, die zur damaligen Zeit zur Ablenkung und Beruhigung des Volkes gedient hat und lege anhand von Unterhaltungsfilmen, in denen Heinz Rühmann die Hauptfigur verkörperte, die Wirkung auf das Volk und die Intention des Staates dar.

Nachdem ich dann kurz auf den Märchenfilm und dessen Motive eingehe, werde ich im anschließenden Fazit unter Beachtung der erarbeiteten Ergebnisse feststellen, ob und inwiefern die Filmpropaganda 1933-1945 als Hetze oder Volksberuhigung zu bewerten ist.

2. Filmpropaganda im Dritten Reich

„**Propaganda** [lat. Propagare >ausdehnen<] die, Form der Werbung, besonders für bestimmte geistige Ziele und polit., religiöse, wirtschaftl., aber auch künstler. oder humanitäre Ideen; allg. die publizist. Beeinflussung, ihre Inhalte und Methoden."[1]

Die Propaganda war zweifelsohne ein Werkzeug, welches maßgeblich für den Aufstieg der NSDAP (ab 1933) in Deutschland verantwortlich war. Es wurde die ideologische Schwäche des Nationalsozialismus versteckt und in politische Stärke verwandelt. Adolf Hitler beschrieb in seinem Buch „Mein Kampf", dass jede politische Propaganda nur dann erfolgreich sein könne, wenn diese auf ein Massenpublikum ziele.[2] Der Film als modernes Massenbeeinflussungsmittel wurde schon früh erkannt. Kein Medium wirkte direkter, überzeugender und nachhaltiger auf die Menschen ein.[3] Während der Weimarer Republik (1918/19 – 1933) gab es bereits Filme von Reden einflussreicher NS-Oberhäupter, die als Wahlspots auf Parteiveranstaltungen eingesetzt wurden. Im Zuge der Machtergreifung wurde das deutsche Filmwesen institutionalisiert und unter anderem durch die Errichtung der Reichsfilmkammer, in der jeder Filmschaffende Mitglied sein musste, völlig von oben gesteuert. Dies hatte zur Folge, dass Tausende von Juden und politisch anders Denkenden aus der Filmbranche ausgeschlossen wurden. Aus dem Lichtspielgesetz von 1934 geht hervor, dass Filme, welche "das nationalsozialistische, religiöse, sittliche oder künstlerische Empfinden" verletzten, ohne weiteres verboten werden durften. Nicht nur allein die Filmproduktion wurde staatlich kontrolliert, auch die Filmkritik war betroffen. Jede Kritik oder individuelle Wertung konnte durch einen Erlass verboten werden – Die „Filmbetrachtung", welche sich auf die vom Regime genehmen Inhaltsbeschreibungen zu beschränken hatte, löste die subjektive Filmkritik ab[4]. Reichsminister Joseph Goebbels galt fortan als oberster Filmherr und griff immer mehr persönlich in die Filmproduktion ein, indem er Besetzungslisten, Schnitte, Schauspieler und sogar Dialogtexte in Drehbüchern bestimmte. Dieses Handeln wurde mit der Änderung des Lichtspielgesetzes 1935 legitimiert, indem es heißt: „Unabhängig von dem Verfahren vor der Filmprüfstelle und der Filmoberprüfstelle kann der Reichsminister für Volksaufklärung und Propaganda (...) das Verbot eines Films aussprechen, wenn er es aus dringenden Gründen des

---

[1] Brockhaus-Lexikon, Band 14 Pas-Qua. Wiesbaden 1984. S.290
[2] STAHR, Gerhard: Volksgemeinschaft vor der Leinwand? S. 16
[3] Ebd. S.22
[4] filmportal.de: Hinweis zur Dokumentation der Filme der NS-Zeit. Stand: 25/03/11
http://www.filmportal.de/df/26/Artikel,,,,,,,,F3AC85FAEDC6AD14E03053D50B377C9C,,,,,,,,,,,,,,,,,,,,,.html

öffentlichen Wohls für erforderlich hält."[5] Der Film wurde also zum idealen Instrument, um eine ideologische Gleichschaltung zu bezwecken, vor allem durch Emotionalität und das „Appellieren an den Instinkt" (Zit. nach Goebbels). Um das ideologische Bild des Führertums, die Überlegenheit der arischen Rasse und die Unbezwingbarkeit des eisernen Willens zur scheinbaren Wirklichkeit werden zulassen, spielten die über 5.000 Kinos im Deutschen Reich eine zentrale Rolle. Sie mussten dafür sorgen, die Propagandafilme angemessen in ihr Programm aufzunehmen und zu präsentieren. Aus der herkömmlichen Vorführung eines Films wurde eine bedeutende, nationalsozialistische Kulturfeier – Das Kino war nun ein „Lichtspieltheater" und dessen Betreiber wurde „Intendant eines Volkstheaters".[6] Neben der Propagierung des Führerprinzips, Antisemitismus oder Feindpropaganda als Filminhalt, gehörte die überwiegende Menge der während des Dritten Reiches produzierten Filme dem Genre der Komödie, des Musikfilms oder der leichten Unterhaltung an (heitere Filme). Während in diesen Produktionen keine offene Propaganda zu erkennen war, dienten sie doch indirekt dem Regime, indem sie von Sorgen und Problemen des Volkes ablenkten. Insgesamt wurden rund 1200 Spielfilme produziert und vielfache „Kulturfilme" und Sach-/Dokumentationsfilme über naturwissenschaftliche, kulturelle oder Allgemeine Themen. Ihr Ende fand die Filmindustrie des deutschen Reiches ab Herbst 1944 – Viele Studioanlagen und Kinos waren zerstört, was Goebbels bis zuletzt versuchte mit improvisierten Lichtspielorten auszugleichen.[7] Bevor sich Joseph Goebbels am 01. Mai 1945 zusammen mit seiner Frau und Kindern aufgrund Deutschlands Ausweglosigkeit umbringt, hält er seine letzte Rede an die Mitarbeiter: „Meine Herren, in hundert Jahren wird man in einem schönen Farbfilm die schrecklichen Tage zeigen, die wir durchleben. Möchten Sie nicht in diesem Film eine Rolle spielen? Halten Sie jetzt durch, damit die Zuschauer in hundert Jahren nicht johlen und pfeifen, wenn Sie auf der Leinwand erscheinen."[8]

[5] KLEINHANS, Bernd: Propaganda im Film des Dritten Reiches. Stand: 25/03/11 http://www.zukunft-braucht-erinnerung.de/drittes-reich/propaganda/217-propaganda-im-film-des-dritten-reiches.html
[6] KLEINHANS, Bernd: Ein Volk, ein Reich, ein Kino. Lichtspiel in der Braunen Provinz. Köln 2003. S. 9-11
[7] KLEINHANS, Bernd: Propaganda im Film des Dritten Reiches.
[8] MOMMERT, Wilfried: „Drehen bis zum Untergang". Stand: 25/03/2011 http://www.stern.de/politik/geschichte/ns-film-drehen-bis-zum-untergang-538367.html

3. Filmpropaganda am Beispiel von „Jud Süß"

3.1 ALLGEMEINES

„Harlan[9] Film ‚Jud-Süß'. Ein ganz großer, genialer Wurf. Ein antisemitischer Film, wie wir ihn uns nur wünschen können. Ich freue mich darüber"[10] Joseph Goebbels' Meinung zum antisemitischen Hetzfilm „Jud Süß" von 1940 war durchweg positiv. Er selbst hatte den Film in Auftrag gegeben und dessen Produktion betreut. Auch bei der Uraufführung, am 5. September 1940 bei den Filmfestspielen in Venedig, erlebte der Film vor dem deutsch-italienischen Publikum eine sehr gute Resonanz.[11] „Jud Süß" wurde kurz nach Anfang des zweiten Weltkrieges produziert. Zu dieser Zeit wurden die Repressionsmaßnahmen gegen Juden in Deutschland verschärft. Im Punkt Produktion und Besetzung wurde kein Aufwand gescheut: Unter der Regie von Veit Harlan wurden die wichtigsten Rollen von prominenten Schauspielern wie Ferdinand Marian als Jud Süß, Heinrich George, Kristina Söderbaum oder Werner Krauss besetzt. Es wurden fast 6 Millionen Reichsmark eingespielt und mehr als 20 Millionen Zuschauer erreicht[12] - „Jud Süß" war einer der erfolgreichsten Hetzfilme gegen die Juden. Ein Kommentar der Nationalzeitung: „Nach übereinstimmenden Berichten aus dem ganzen Reich findet der Film Jud Süß eine anhaltend außerordentlich zustimmende Aufnahme. Das Urteil über einen Film sei selten so einheitlich gewesen wie bei dem Film Jud Süß, der zwar in der realistischen Darstellung abscheuerregender Episoden ungewöhnlich weit gehe, dabei aber künstlerisch vollauf überzeugend gestaltet und von einer Spannung sei, die einen nicht mehr loslässt."[13] Unter den Propagandafilmen wird „Jud Süß" zu der von Joseph Goebbels bevorzugten „indirekten Propaganda" gezählt. Im Vergleich zu Filmen wie „Der ewige Jude", wird die antisemitische Intention dem Publikum verhüllt und eher unterbewusst vermittelt.[14]

---

[9] Regisseur von „Jud Süß"
[10] Die Tagebücher des Joseph Goebbels [Eintrag vom 18. September 1940]
[11] Lebendiges Museum Online: Der Film „Jud Süß". Stand: 25/03/11
http://www.dhm.de/lemo/html/wk2/kunst/judsuess/
[12] STAHR, Gerhard 2001
[13] Nationalzeitung vom 17. April 1935
[14] VERHOFF, Volker: Analyse des antisemitischen Propagandafilmes Jud Süß. Stand: 25/03/11.
http://www.zukunft-braucht-erinnerung.de/holocaust/antisemitismus/241-analyse-des-antisemitischen-propagandafilmes-jud-suess.html

3. 2 HANDLUNG

Joseph Süß Oppenheimer war ein jüdischer Finanzbeamter, der aufgrund seiner fachlichen Kompetenz und seinen „weitverzweigten Verbindungen in ganz Europa" sehr schnell eine Vormachtstellung am Hof einnahm - er wurde Finanzberater des württembergischen Herzogs Karl Alexander (1684-1737) und erhielt verschiedene Privilegien. Die Steuerpolitik des Herzogs stieß bei den Landständen und der Bevölkerung auf große Ablehnung. Oppenheimer galt als Grund aller Missstände und wurde nach dem Tod des Herzogs aufgrund von Hochverrat, Beraubung der Staatskassen und Korruption zum Tode verurteilt und am 4. Februar 1738 vor den Toren Stuttgarts aufgehängt.[15]

3.3 WIRKUNG UND ZIELE

Das Ziel des von Veit Harlan produzierten „Jud Süß" war, das Volk einvernehmlich gegen das Judentum aufzuhetzen und damit einhergehend das Judentum an sich und vor allem aus Deutschland zu vertreiben. Während dem Zuschauer im Vorspann noch suggeriert wird, dass „die im Film geschilderten Ereignisse [...] auf geschichtlichen Tatsachen [beruhen|" [16], ist in der Realität ein starkes Abweichen von den baden-württembergischen Quellen[17] zu erkennen, um beim Volk eine allgemeine Ablehnung von Menschen jüdischer Abstammung zu bewirken. Dies wird auch stark deutlich, wenn man die Inszenierung von Oppenheimer genauer betrachtet. Der Film zeigt ihn als „geldgierigen, egoistischen und triebhaften Menschen, der es besonders auf blonde Frauen abgesehen hat". Der Judenhass des Publikums wird im Verlauf des Filmes immer mehr geschürt, was schließlich in der Vergewaltigung von Dorothea, Tochter eines Hofbeamten, und deren anschließendem Suizid gipfelt – Die Anklage, zitiert nach dem Reichskriminalgesetz, lautete: „So aber ein Jude mit einer Christin sich fleischlich vermenget, soll er mit dem Strang vom Leben zum Tode gebracht werden."[18] Es wird fortwährend ein verbrecherischer Eindruck erzeugt, durch den Joseph Oppenheimer als Grund allen Übels dargestellt wird. Die anschließende Erhängung ist für den Zuschauer dann nur noch eine logische Konsequenz, die unter anderem aufgrund der „Rassenschande" als „gerechte Strafe" wahrgenommen wird. Um das Juden-Dasein abschließend zu denunzieren, winselt der jüdische Finanzberater während seiner Hinrichtung um Gnade. Die Schlussszene wurde noch

---

[15] Lebendiges Museum Online: Der Film „Jud Süß"
[16] Film „Jud Süß", 1940
[17] Vgl. http://www.landesarchiv-bw.de/web/, Stand 25/03/11
[18] Film „Jud Süß", 1940

einmal nachdrehen lassen, da Oppenheimer in der Original-Fassung das württembergische Volk heroisch verfluchte, was Joseph Goebbels als nicht angemessen erschien – der Jude sollte zum Ende des Films noch einen erbärmlichen Eindruck hinterlassen.[19]

Die große Wirkung von „Jud Süß" auf die damalige Bevölkerung ist dem Film keinesfalls abzusprechen. Durch die Mischung aus „historischem Film, Sensationsstoff und Starbesetzung" erzielte die Produktion genau die Wirkung, die sie sollte: Antisemitische Stimmung im ganzen Land.[20] Mit den Prädikaten „staatspolitisch und künstlerisch besonders wertvoll" und „jugendwert" wurde „Jud Süß" auch fester Bestandteil von Jugendfilmstunden und Schulveranstaltungen – Ziel war es, die Judenhetze schon früh in den Köpfen zu etablieren.[21] Die Folge waren Demonstrationen in verschiedenen Städten mit Ausrufen wie „Raus mit den letzten Juden aus Deutschland" oder das zu Tode Trampeln von Juden auf offener Straße.[22]

[19] KLEINHANS, Bernd Köln 2003 S.130
[20] Ebd. S. 132
[21] Ebd. S. 131
[22] RUTHERFORD, W.: Hitlers Propaganda Machine, S.122

4. Judendarstellung am Beispiel einer Druckpublikation zu „Der ewige Jude"

Zu den antisemitischen Hetzfilmen zählte auch der 1940 gedrehte Film „Der ewige Jude". Laut Regisseur Fritz Hippler (1909 – 2002) eine „Symphonie des Ekels und des Grauens". Darin wird die Existenz des Juden mit der einer Ratte verglichen und als „hinterlistig, feige und grausam" bezeichnet. Im Gegensatz zum historischen „Jud Süß" galt „Der ewige Jude" als Dokumentarfilm, der den in „Jud Süß" vermittelten, schlechten Charakter des Juden, naturwissenschaftlich belegen sollte. Durch bewusste Geschichtsverfälschung und übertriebene Darstellung (zum Beispiel von der jüdischen „Schächtung"[23]) wurden antisemitische Vorurteile transportiert, welche zeitlich passend die beginnenden Judendeportationen und Massenermordungen rechtfertigen sollten.[24] „Der ewige Jude" wurde im ganzen Reich mit großem Aufwand beworben und am Beispiel einer Druckpublikation der gleichnamigen Ausstellung, zeigt sich die unterstützende Wirkung der Presse auf die Intention des Filmes im Dritten Reich.

Die Darstellung der jüdischen Figur in der Mitte der Abbildung ist typisch für die damaligen, dem Juden zugeschriebenen Attribute: Eine abstoßende, übergroße Nase, Kleidung der Ostjuden, ein ungepflegter Bart. Der Schriftzug „Der ewige Jude" stellt eine Nachahmung der hebräischen Quadratschrift dar, welche auch oft Verwendung in der antisemitischen Wochenzeitung „Der Stürmer" fand. In der rechten Hand Goldstücke, bildet die Knute links als Zeichen von Unterdrückung den Gegenpol.[25] Die Figur verkörpert den Westlichen Kapitalismus und gleichzeitig, durch den eingeklemmten Teil einer Karte (europäischer Teil der Sowjetunion), den übermäßigen Herrschaftsanspruch des Judentums. Es wird also offensichtlich vor der „jüdischen Weltverschwörung" und dem „jüdischen Bolschewismus", dem Deutschland laut dem NS-Regime zu verfallen drohte, gewarnt.[26]

---

[23] Das rituelle Schlachten von Tieren
[24] Lebendiges Museum Online: Der Film „Der ewige Jude". Stand: 25/03/11
http://www.dhm.de/lemo/html/wk2/kunst/ewigejude/index.html
[25] BECHTHOLDT, Dr. Hans–Joachim: Untersuchung der antijüdischen Propagandaschrift Hans Diebows. Der ewige Jude. Bad Münster am Stein-Erbenburg 2009. S.12
[26] Lebendiges Museum Online. Stand: 25/03/11 http://www.dhm.de/lemo/objekte/pict/96003766/index.html

5. Der Unterhaltungsfilm – Volksberuhigung mit Intention

5.1 ALLGEMEINES

Gekennzeichnete Propagandafilme bzw. „Kulturfilme" (Jud Süß) oder Dokumentationen stellten im Dritten Reich eher eine Minderheit dar. Rund 90% der produzierten Filme gehörten dem Genre der Komödie oder leichten Unterhaltung an.[27] Im Laufe des Zweiten Weltkrieges wurde den sogenannten „H-Filmen" (heitere Filme) immer mehr Bedeutung zugesprochen: „Auch die Unterhaltung ist heute staatspolitisch wichtig, wenn nicht sogar kriegsentscheidend"[28], schrieb Joseph Goebbels 1942 in sein Tagebuch, während er im gleichen Jahr die Produktion von Komödien gezielt anregte. In Zeiten von „Lasten und Sorgen" bildete der Film ein kontrolliertes Ablenkungsinstrument, was dem Volk Erholung und Beruhigung bot. Dass sich der Unterhaltungsfilm keineswegs in einem politikfreiem Raum bewegte, was für viele Schauspieler und Regisseure als Argument zur Rechtfertigung in der Nachkriegszeit diente, zeigt sich bei genauerem Betrachten einiger Produktionen.[29] Um entsprechende Merkmale erkennen zu können, müssen die Tiefenstrukturen des filmischen Textes untersucht werden.

5.2 HEINZ RÜHMANN UND DIE „STAATSPOLITISCH BESONDERS WERTVOLLEN" UNTERHALTUNGSFILME

Als einer der erfolgreichsten Schauspieler in der Unterhaltungsbranche galt ohne Zweifel Heinz Rühmann (1902 – 1994), dessen Filme im ganzen Reich nicht nur eine „staatspolitisch wichtige" Rolle spielten, sondern auch regelrechte Kassenschlager waren.[30] Schon in den dreißiger Jahren wurden regelmäßig mehr als eine Million Zuschauer erreicht und selbst in den kleinsten Kinos waren Rühmann-Filme hochbegehrt. Dass seine Komödien jedoch politisch nicht ganz unverfänglich waren, zeigte auch Rühmanns außerfilmisches Engagement durch Besuche bei Joseph Goebbels[31] oder der NS-Wochenschau und die damit positive Einstellung zum Staat.

[27] GREINER, Rasmus: Film im Nationalsozialismus. Stand 25/03/11 http://akademische-blaetter.de/kultur/film-und-fernsehen/film-im-nationalsozialismus
[28] Die Tagebücher des Joseph Goebbels [Eintrag vom 08. Februar 1942]
[29] filmportal.de: Feuerzangenbowle und andere Erfrischungen. Unterhaltung und Ideologie im NS-Film. Stand: 25/03/11
http://www.filmportal.de/df/74/Artikel,,,,,,,,EE31D68D86D316D3E03053D50B371158,,,,,,,,,,,,,,,,,,,,,,,,.html
[30] Ebd.
[31] Die Tagebücher des Joseph Goebbels [Eintrag vom 30. Oktober 1940]

Die unpolitische Zuschauerwahrnehmung von Rühmann-Filmen eignete sich in besonderem Maße dazu, verdeckte Propaganda zu betreiben, die bei Betrachtung der jeweiligen Handlungsverläufe zu erkennen ist. Einige Beispiele:

„Wenn wir alle Engel wären" (1936): „Ein kleinbürgerlicher Ehegatte reist zu einer Taufe nach Köln, und schon glaubt er, hier die große Welt erleben zu können. Er stürzt sich in das Nachtleben und besucht die verschiedensten Etablissements. Ohne zu wissen wie, landet er in einem Hotel und übernachtet dort. Am nächsten Morgen weiß er nicht mehr, wie diese Nacht endete und reist mit einem entsprechend schlechten Gewissen wieder nach Hause."[32] Dieser Film stellt das „Ausbrechen aus den Alltags-Zwängen" und den „kleinbürgerlichen Konventionen" dar, womit sich viele damalige Volksgenossen identifizieren konnten. Die Intention ist hierbei, dass jeglicher Ausbruchsversuch aus dem Alltag zwecklos, und das Leben so wie man es führte das Beste war. Gerade in der NS-Zeit war das berufliche und bürgerliche Eingespanntsein ein großes Thema. Goebbels gab offen zu, dass auch der Unterhaltungsfilm ein Erziehungsmittel sei.[33] In „Hauptsache glücklich" (1941) wird besonders deutlich, wie das NS-Regime versucht, das Staatssystem zu stabilisieren: „In einem großen Unternehmen ist Axel ein unbedeutender kleiner Angestellter ohne Ehrgeiz. Er liebt das stille private Glück. Ganz anders empfindet seine junge Frau Uschi, die möchte, dass er Karriere macht. Es gelingt ihr, eine Einladung zu einer großen Gesellschaft im Hause des Generaldirektors zu ergattern."[34] Während Korruption der Partei- bzw. NS-Funktionäre Alltag war, wurde das Gefühl von Machtlosigkeit, wie bei Axel in „Hauptsache glücklich", bei den Volksgenossen immer größer. Anstatt sich an Politik zu interessieren suchte er zunehmend das private Glück. Axel sah täglich seine korrupten Vorgesetzten. Als er am Ende des Films als „kleiner Angestellter" vor den Direktor des Unternehmens treten durfte, um ihm diese Tatsache mitzuteilen, wurde Axel befördert und die betrügerischen Abteilungsleiter gefeuert. Hier wird der Vergleich zwischen dem „Führer" und dem Direktor im Film sehr deutlich: Dem Zuschauer sollte suggeriert werden, dass auch der kleine Volksgenosse wichtig für den NS-Staat war. Die Beförderung von Axel kann weiterhin als eine Parallele zu dem nationalsozialistischen Ideal, privates Glück gehe mit dem Einsatz für den Staat Hand in Hand, gesehen werden.

[32] filmportal.de: „Wenn wir alle Engel wären". Stand: 25/03/11
http://www.filmportal.de/df/d8/Uebersicht,,,,,,,,64DC9E553D574F529AE671D769C6D27E,,,,,,,,,,,,,,,,,,,,,,,.html
[33] KLEINHANS, Bernd Köln 2003 S. 139-140
[34] filmportal.de: „Hauptsache glücklich". Stand: 25/03/11
http://www.filmportal.de/df/23/Uebersicht,,,,,,,,217B2C0581F74A0490498A8D7619B380,,,,,,,,,,,,,,,,,,,,,.html

Das Ziel von Unterhaltungsfilmen war immer das Gleiche: Der Volksgenosse sollte sich mit der Figur auf der Leinwand identifizieren, um aus ihr für seinen Alltag zu lernen. Die Komödie im Dritten Reich war demnach kein „politisch belehrender Kulturfilm" sondern sollte die für den Staat notwendigen Stimmungen im Volke von ganz alleine erzeugen.[35]

Rühmann selbst hatte während seiner Zeit im NS-Film aufgrund seiner jüdischen Frau Maria sehr zu kämpfen. Nachdem ihn einige Zeitungen aufgrund dieser „Mischehe" kritisiert hatten und nach einigen Gesprächen mit Joseph Goebbels, der Rühmann darauf hinwies, dass es zu einer Trennung kommen musste, wurde die Verheiratung mit einem Schweden zur Rettung Marias veranlasst.[36]

---

[35] KLEINHANS, Bernd Köln 2003 S. 142-143
[36] KNOKE, Michael: Heinz Rühmann und das Dritte Reich. Stand: 25/03/2011 http://www.ruehmann-heinz.de/Biographie_05.htm

6. NS-Spuren im Märchenfilm

Auch der Märchenfilm 1933 bis 1945 beinhaltete weit mehr als nur magische Abenteuer und sagenhafte Prinzen. In der Schlussszene des Märchens „Der kleine Muck" (1943/44) rät der Erzähler den Kindern: „Und vergesst nicht: Froh und tapfer! Das gilt auch für euch, Kinderchen" und zeigt somit deutlich, dass Propaganda, wenn auch hübsch und kindgerecht geschmückt, auch schon für die Filmproduktionen der kleinen Zielgruppe wichtig war. Aufgrund des großen Interpretationsspielraumes waren Märchen propagandistisch gesehen sehr geschätzt. Rund 20 Filme, die meisten auf Geschichten der Gebrüder Grimm basierend, entstanden in der Zeit zwischen 1933 und 1945. Wenn die Literaturvorlage nicht passte, wurden jeweilige Drehbücher den ideologischen Idealen und der politischen Situation angepasst – propagandistisch zugespitzte Dialoge waren die Folge. In „Der gestiefelte Kater" (1935), der von einem sprechenden Kater handelt, durch welchen ein armer Müllerbursche zu Geld und einer königlichen Gemahlin kommt, wird die Hauptfigur nach dem Sieg über einen bösen Zauberer mit „Heil dem Kater Murr! Er ist unser Erretter! Wir leben wieder!" gelobt und als „Heilsbringer" stilisiert, was Assoziationen zu dem „Führer" nicht abwegig erscheinen lässt. Auch in „Die verzauberte Prinzessin" (1939), worin der Bauernsohn Assad die in einem Rubin gefangene Prinzessin erlöst, gibt Assads Vater ihm mit auf den Weg: „Ewig aber ist die Liebe deine Volkes und deiner Rasse. Friede sei mit dir!" . Nicht nur Dialoge werden NS-konform verändert, auch immer wiederkehrende Motive sind zu beobachten: Die Figur des Königs in Filmen wie „Dornrösschen" (1936), „Rumpelstilzchen" (1940) und „Der Froschkönig" (1940) wird als "volksnah, gerecht und unantastbar" dargestellt und dient somit als Metapher für den „Führer". Das Prädikat „volksbildend" erhielt „Der Hase und der Igel" (1940). Durch die Geschichte des ungleichen Wettlaufs zwischen dem hochnäsigen Hasen und dem sympathischen Igel wird mitten im Krieg vermittelt, dass auch ein hoffnungsloser Kampf mit guten Ideen, Taktik und Cleverness gewonnen werden kann. Hier wird die politische und wichtige Intention des NS-Regimes offensichtlich.[37]

---

[37] SCHLESINGER, Ron: „Heil dem gestiefelten Kater!" – NS-Propaganda in Märchenfilmen zwischen 1933 und 1945. Stand: 25/03/2011 http://www.zukunft-braucht-erinnerung.de/drittes-reich/propaganda/2453-heil-dem-gestiefelten-kater-ns-propaganda-in-maerchenfilmen-zwischen-1933-und-1945.html

7. Fazit

Die durch diese Facharbeit erlangten Erkenntnisse über die Filmpropaganda im Dritten Reich haben zunächst hervorgebracht, dass das Erzeugen von Hetze und Volksberuhigung sehr wichtig für die Produktion von damaligen Filmen war. An „Jud Süß" kann man sehr gut erkennen, wie versucht wurde, Teile der politischen NS-Ideologie, wie in dem Fall Antisemitismus, auf das Volk zu transportieren. Der Jude wurde als Scheusal und niederes Wesen dargestellt und von ihm wurde ein grundschlechtes Bewusstsein in den Köpfen der Volksgenossen etabliert – das Volk wurde aufgehetzt, was durch die Druckpublikation zu „Der ewige Jude" anhand der speziellen Judendarstellung (übergroße Nase, Ostjuden-Kleidung, ungepflegter Bart) nochmal verdeutlicht wurde.

Als Kontrast dazu stand aber der Unterhaltungsfilm, der auf den ersten Blick unpolitisch wirkte und das Volk amüsieren sollte. Hinsichtlich der Fragestellung lässt sich hier sicherlich der Aspekt der Volksberuhigung feststellen, da Kino ein wichtiges Mittel war, um die Menschen von den Sorgen und Ängsten des Kriegsalltags abzulenken. Dass dieses Mittel genutzt wurde, zeigt nicht nur der enorme Erfolg von Komödien, sondern auch das gestärkte Volk – hier wird die Brücke zwischen Film und Staat wieder deutlich. Ein gestärktes Volk – das war genau das, was das NS-Regime durch die Filmindustrie schaffen wollte und dazu wurden auch die Drehbücher der zahlreichen Komödien nicht dem Zufall überlassen. Die politische Intention in den Unterhaltungsfilmen war nicht von der Hand zu weisen, da unterschwellig Motive wie „das Akzeptieren des Alltags", „der Führer als volksnaher Held" oder „einzigartiges, rassenbedingtes, Volksbewusstsein" den Handlungsverlauf bestimmten. Auch der Märchenfilm war von ideologischen Inhalten durchsetzt und macht somit deutlich, dass sich auch das eigentlich unverfänglichste Genre des Films in keinem unpolitischen Raum befand.

Ob der deutsche Film 1933-1945 als Hetze oder Volksberuhigung zu bezeichnen ist, lässt sich nicht eindeutig beantworten. Sicher jedoch ist, dass der Film eines von vielen Propagandamitteln des NS-Regimes war, um im Volk das Vertrauen und den Glauben in die Regierung und deren Ideologie zu festigen. Dass darunter Ideale wie „Der Deutsche als die ultimative Rasse", was zur Judenvernichtung geführt hat, genau so stark in den Köpfen ausgeprägt wurden, wie das staatliche System und der „Führer als unser aller Retter", lässt es zu, dem NS-Film abschließend und im großen Ganzen eine staatspolitisch wichtige, hetzerische Tendenz zuzuschreiben.

Literaturverzeichnis

Literaturquellen:

- BECHTHOLDT, Dr. Hans–Joachim: Untersuchung der antijüdischen Propagandaschrift Hans Diebows. Der ewige Jude. Bad Münster am Stein-Erbenburg 2009

- Brockhaus-Lexikon, Band 14 Pas-Qua. Wiesbaden 1984

- KLEINHANS, Bernd: Ein Volk, ein Reich, ein Kino. Lichtspiel in der Braunen Provinz. Köln 2003

- RUTHERFORD, W.: Hitlers Propaganda Machine.

- STAHR, Gerhard: Volksgemeinschaft vor der Leinwand? Berlin 2001

- REUTH, Ralf G.: Joseph Goebbels Tagebücher 1924-1945. 2000

Internetquellen:

- KNOKE, Michael: Heinz Rühmann und das Dritte Reich. Stand: 25/03/2011 http://www.ruehmann-heinz.de/Biographie_05.htm

- KLEINHANS, Bernd: Propaganda im Film des Dritten Reiches. Stand: 25. Mrz. `11. http://www.zukunft-braucht-erinnerung.de/drittes-reich/propaganda/217-propaganda-im-film-des-dritten-reiches.htm

- SCHLESINGER, Ron: „Heil dem gestiefelten Kater!" – NS-Propaganda in Märchenfilmen zwischen 1933 und 1945. Stand: 25/03/2011 http://www.zukunft-braucht-erinnerung.de/drittes-reich/propaganda/2453-heil-dem-gestiefelten-kater-ns-propaganda-in-maerchenfilmen-zwischen-1933-und-1945.html

- VERHOFF, Volker: Analyse des antisemitischen Propagandafilmes Jud Süß. Stand: 25. Mrz. `11. http://www.zukunft-braucht-erinnerung.de/holocaust/antisemitismus/241-analyse-des-antisemitischen-propagandafilmes-jud-suess.html

- Lebendiges Museum Online:

  o Der Film „Jud Süß". Stand: 25/03/11 http://www.dhm.de/lemo/html/wk2/kunst/judsuess

  o Der Film „Der ewige Jude". Stand: 25/03/11 http://www.dhm.de/lemo/html/wk2/kunst/ewigejude/index.html

- filmportal.de:

- o Hinweis zur Dokumentation der Filme der NS-Zeit. Stand: 25/03/11.
  http://www.filmportal.de/df/26/Artikel,,,,,,,,F3AC85FAEDC6AD14E03053
  D50B377C9C,,,,,,,,,,,,,,,,,,,,,.html

- o Feuerzangenbowle und andere Erfrischungen. Unterhaltung und
  Ideologie im NS-Film. Stand: 25/03/11.
  http://www.filmportal.de/df/74/Artikel,,,,,,,,EE31D68D86D316D3E03053
  D50B371158,,,,,,,,,,,,,,,,,,,,,.html

- o „Wenn wir alle Engel wären". Stand: 25/03/11.
  http://www.filmportal.de/df/d8/Uebersicht,,,,,,,,64DC9E553D574F529AE
  671D769C6D27E,,,,,,,,,,,,,,,,,,,,,.html

- o „Hauptsache glücklich". Stand: 25/03/11
  http://www.filmportal.de/df/23/Uebersicht,,,,,,,,217B2C0581F74A049049
  8A8D7619B380,,,,,,,,,,,,,,,,,,,,,.html

- MOMMERT, Wilfried: „Drehen bis zum Untergang". Stand: 25/03/2011
  http://www.stern.de/politik/geschichte/ns-film-drehen-bis-zum-untergang-
  538367.html